나의 소중한 타이더수스에게
　　－ 니콜라 에드워즈

나에게 행복을 주는 마커스에게
　　－ 케이티 히키

HAPPY : A Children's Book of Mindfulness
First published in Great Britain 2018 by CATERPILLAR BOOKS,
an imprint of the Little Tiger Group.
Text by Nicola Edwards · Text copyright ⓒ Caterpillar Books 2018
Illustrations copyright ⓒ Katie Hickey 2018
All rights reserved.

Korean translation copyright ⓒ Human Kids Publishing Company, 2019
This Korean edition is published by arrangement with Caterpillar Books through Sibylle Books Literary Agency, Seoul.

이 책의 한국어판 저작권은 시빌에이전시를 통해 저작권자와 독점 계약한 휴먼어린이에 있습니다.
저작권법에 의해 한국 내에서 보호를 받는 저작물이므로 무단 전재 및 무단 복제를 금합니다.

행복
happy

니콜라 에드워즈 글 | 케이티 히키 그림 | 고정아 옮김

마음 챙기기
Mindfulness

마음 챙기기란 **마음**을 나 자신,
그리고 세상과 **연결**하는 일이에요.

행복으로 가는 길은 어렵지 않아요.
함께 그 길을 걸어가 보아요.

진짜 인생의 꽃밭은 우리 앞에 펼쳐져 있습니다.

서둘러 지나가면 놓칠 수 있어요.

걸음을 멈추고 달콤한 **꽃향기**를 **맡아** 보세요.

여기에 **진정한 행복**으로 가는

열쇠가 있답니다.

귀 기울이기 *Listening*

조용히 눈을 감고

귀를 기울여 보세요.

나무 사이를 지나가는 바람의 **노래**와

멀리서 달리는 자동차 소리,

그리고 나뭇잎이 **바스락바스락**

속삭이는 소리에.

잠시 걸음을 멈추고, 주변에서
들리는 소리에 귀를 기울여 보세요.

감정 느끼기 Feeling

더없이 **사나운 폭풍**도 언젠가는 그쳐요.

하늘이 매일같이 **맑을** 수는 없어요.

내 마음속의 힘든 감정들을 가만히 들여다봐요.

폭풍처럼 **휘몰아치다가**

천천히 **그치는** 걸 느낄 수 있어요.

어떤 것들이 여러분에게

행복한 감정을 느끼게 하나요?

긴장 풀기 *Relaxing*

힘들 때면 **마음**만 얼어붙는 게 아니에요.

우리의 몸도 **뻣뻣하게** 굳지요.

그럴 때면 팔다리의 **긴장을 풀어** 보세요.

해가 **구름**을 뚫고 나오듯이

우리도 두려움을 **헤치고** 나아갈 수 있어요.

온몸의 근육에 힘을 잔뜩 주었다가
하나하나 천천히 풀어 보세요.

맛보기 *Tasting*

음식은 맵고, 짜고, 달고, 신 **맛**이 있어요.

밥을 먹을 때 음식을 천천히

맛보고, 씹고, 느껴 보세요.

모든 음식에서 **감칠맛**을 느낄 수 있을 거예요.

음식을 천천히 씹어 보세요.
서로 다른 질감과 맛이 느껴지나요?

감촉 느끼기 *Touching*

감촉은 **거친 마음**을 다스려 줍니다.

우리를 주변의 세상과 **연결**해 주니까요.

바닷물에 **발가락을 담그거나**

땅 위에 떨어진 **바싹 마른 낙엽**을 밟아 보세요.

눈을 감고 물건을 만져 보세요.

그리고 감촉만으로 그게 무엇인지 맞혀 보세요.

냄새 맡기 *Smelling*

마음이 **복잡**할 때 숲을 걸으면

시원한 공기가 머릿속을 맑게 해 줘요.

소나무 **향기** 속에 나무 연기가 퍼지고,

비 내린 숲길에는 **상쾌한** 흙냄새가 가득하지요.

어떤 냄새를 맡고 특별한 감정을 느끼거나
옛날 일이 떠오른 적이 있나요?

사랑하기 *Loving*

따뜻한 포옹은 **기적** 같은 일을 합니다.

행복은 우리의 **미소**와 **손길**과 **친절**을

먹고 자라는 나무예요.

하늘을 찌르는 커다란 나무도 **씨앗**에서 시작하지요.

오늘 여러분이 미소를 지어 주거나
따뜻하게 안아 준 사람이 있나요?

감사하기 *Appreciating*

하루를 마칠 때면 주변을 둘러보세요.

멀리서 빨갛게 타오르는 **노을**, **따뜻한** 식사, **편안한** 신발,

좋은 친구 그리고 부드럽고 **포근한** 이불.

세상에는 **감사할** 게 참 많답니다.

오늘 여러분에게는 어떤 좋은 일이 있었나요?

숨쉬기 Breathing

우리는 숨을 쉬면서 은하처럼 넓어집니다.

우리가 내쉬는 숨이 **수많은 별**이 되니까요.

걱정에 휩싸일 때 이 사실을 생각하면

나와 세상의 관계를 **되새길** 수 있어요.

숨을 깊이 들이마시고 2초 동안 참았다가

다시 천천히 내쉬어 보세요.

행복 *Happiness*

진짜 인생의 꽃밭은 우리 앞에 펼쳐져 있어요.

미래나 **과거**가 아니라 바로 지금 여기에요.

매일매일을 새로운 **모험**처럼 맞이하면

모든 **순간**을 행복으로 채울 수 있어요.

어떻게 하면 날마다 마음을 잘 챙길 수 있을까요?

글 니콜라 에드워즈

영국 브라이튼의 아름다운 해변가에서 자랐습니다. 책 읽기와 춤추기, 라임이 들어간 단어, 청록색을 좋아합니다. 그동안 어린이를 위한 여러 권의 책을 썼고, 지금은 동부 런던에서 가족과 함께 살면서 어린이 책을 쓰고 편집하는 일을 합니다.

그림 케이티 히키

영국 팔머스 대학을 졸업하고 그림 작가로 활동하고 있습니다. 여행과 자신을 둘러싼 주변 환경에서 영감을 얻어 개성 있는 그림을 그립니다. 독특한 이야기와 등장인물을 그림으로 표현하는 작업을 좋아합니다.

옮김 고정아

연세대학교에서 영문학과를 졸업하고 번역가로 활동하고 있습니다. 어린이 책과 문학 작품을 주로 번역하며, 2012년에 제6회 '유영번역상'을 수상했습니다. 옮긴 책으로 《엄마가 알을 낳았대!》, 《엘 데포》, 《초등학생이 알아야 할 참 쉬운 비즈니스》, 《클래식 음악의 괴짜들》, 《변신》, 《쉿! 책 속 늑대를 조심해!》, 《여주인공이 되는 법》, 《히든 피겨스》, '바다탐험대 옥토넛' 시리즈, '해리포터 금고' 시리즈 등이 있습니다.

어린이를 위한 12가지 행복 채우기 연습

1판 1쇄 발행일 2019년 4월 19일

글 니콜라 에드워즈 | **그림** 케이티 히키 | **옮김** 고정아 | **발행인** 김학원 | **편집주간** 정미영 | **기획** 이다정 이주은
디자인 김태형 유주현 구현석 박인규 한예슬 | **마케팅** 김창규 김한밀 윤민영 김규빈 김수아 송희진 | **제작** 이정수
저자·독자 서비스 조다영 윤경희 이현주 이날은(humanist@humanistbooks.com)
용지 화인페이퍼 | **인쇄** 삼조인쇄 | **제본** 영신사
발행처 휴먼어린이 | **출판등록** 제313-2006-000161호(2006년 7월 31일) | **주소** (03991) 서울시 마포구 동교로23길 76(연남동)
전화 02-335-4422 | **팩스** 02-334-3427 | **홈페이지** www.humanistbooks.com

ⓒ 휴먼어린이, 2019

ISBN 978-89-6591-366-5 77840

이 도서의 국립중앙도서관 출판시도서목록(CIP)은 서지정보유통지원시스템 홈페이지(http://seoji.nl.go.kr)와
국가자료공동목록시스템(http://www.nl.go.kr/kolisnet)에서 이용하실 수 있습니다.(CIP제어번호: CIP2019013644)

- 이 책은 저작권법에 따라 보호받는 저작물이므로 무단 전재와 무단 복제를 금합니다.
- 이 책의 전부 또는 일부를 이용하려면 반드시 저작권자와 휴먼어린이 출판사의 동의를 받아야 합니다.
- **사용연령 6세 이상** 종이에 베이거나 굵히지 않도록 조심하세요. 책 코서리가 날카로우니 던지거나 떨어뜨리지 마세요.